FORCED FAMILY FUN

CHRISTMAS

FORCED FAMILY FUN

CHRISTMAS

FORCED FAMILY FUN CHRISTMAS

FORCED FAMILY FUN

CHRISTMAS

FORCED FAMILY FUN CHRISTMAS

FORCED FAMILY FUN

CHRISTMAS

FORCED FAMILY FUN CHRISTMAS

FORCED FAMILY FUN

CHRISTMAS

FORCED FAMILY FUN

CHRISTMAS

FORCED FAMILY FUN

CHRISTMAS

FORCED FAMILY FUN CHRISTMAS

FORCED FAMILY FUN

CHRISTMAS

FORCED FAMILY FUN

CHRISTMAS

FORCED FAMILY FUN

CHRISTMAS

FORCED FAMILY FUN

CHRISTMAS

FORCED FAMILY FUN

CHRISTMAS

FORCED FAMILY FUN

CHRISTMAS

FORCED FAMILY FUN

CHRISTMAS

FORCED FAMILY FUN CHRISTMAS

FORCED FAMILY FUN

CHRISTMAS

FORCED FAMILY FUN

CHRISTMAS

FORCED FAMILY FUN

CHRISTMAS

FORCED FAMILY FUN

CHRISTMAS

FORCED FAMILY FUN

CHRISTMAS

FORCED FAMILY FUN

CHRISTMAS

FORCED FAMILY FUN

CHRISTMAS

FORCED FAMILY FUN CHRISTMAS

FORCED FAMILY FUN

CHRISTMAS

FORCED FAMILY FUN

CHRISTMAS

FORCED FAMILY FUN

CHRISTMAS

FORCED FAMILY FUN CHRISTMAS

FORCED FAMILY FUN CHRISTMAS

FORCED FAMILY FUN CHRISTMAS

FORCED FAMILY FUN

CHRISTMAS

FORCED FAMILY FUN

CHRISTMAS

FORCED FAMILY FUN

CHRISTMAS

FORCED FAMILY FUN

CHRISTMAS

FORCED FAMILY FUN

CHRISTMAS

FORCED FAMILY FUN

CHRISTMAS

FORCED FAMILY FUN

CHRISTMAS

FORCED FAMILY FUN

CHRISTMAS

FORCED FAMILY FUN

CHRISTMAS

FORCED FAMILY FUN

CHRISTMAS

FORCED FAMILY FUN

CHRISTMAS

FORCED FAMILY FUN

CHRISTMAS

FORCED FAMILY FUN

CHRISTMAS

FORCED FAMILY FUN CHRISTMAS

FORCED FAMILY FUN

CHRISTMAS

FORCED FAMILY FUN

CHRISTMAS

FORCED FAMILY FUN

CHRISTMAS

FORCED FAMILY FUN CHRISTMAS

FORCED FAMILY FUN

CHRISTMAS

FORCED FAMILY FUN

CHRISTMAS

FORCED FAMILY FUN

CHRISTMAS

FORCED FAMILY FUN CHRISTMAS

FORCED FAMILY FUN

CHRISTMAS

FORCED FAMILY FUN CHRISTMAS

FORCED
FAMILY FUN

CHRISTMAS

FORCED FAMILY FUN CHRISTMAS

FORCED FAMILY FUN

CHRISTMAS

FORCED FAMILY FUN

CHRISTMAS

FORCED FAMILY FUN

CHRISTMAS

FORCED FAMILY FUN CHRISTMAS

FORCED FAMILY FUN

CHRISTMAS

FORCED FAMILY FUN CHRISTMAS

FORCED FAMILY FUN

CHRISTMAS

FORCED FAMILY FUN CHRISTMAS

FORCED FAMILY FUN

CHRISTMAS

FORCED FAMILY FUN

CHRISTMAS

FORCED FAMILY FUN CHRISTMAS

FORCED FAMILY FUN

CHRISTMAS

FORCED FAMILY FUN

CHRISTMAS

FORCED FAMILY FUN

CHRISTMAS

FORCED FAMILY FUN

CHRISTMAS

FORCED FAMILY FUN

CHRISTMAS

FORCED FAMILY FUN

CHRISTMAS

FORCED FAMILY FUN

CHRISTMAS

FORCED FAMILY FUN

CHRISTMAS

FORCED FAMILY FUN

CHRISTMAS

FORCED FAMILY FUN

CHRISTMAS

FORCED FAMILY FUN

CHRISTMAS

FORCED FAMILY FUN

CHRISTMAS

FORCED FAMILY FUN

CHRISTMAS

FORCED FAMILY FUN

CHRISTMAS

FORCED FAMILY FUN

CHRISTMAS

FORCED FAMILY FUN

CHRISTMAS

FORCED FAMILY FUN CHRISTMAS

FORCED FAMILY FUN

CHRISTMAS

FORCED FAMILY FUN

CHRISTMAS

FORCED FAMILY FUN CHRISTMAS

FORCED FAMILY FUN

CHRISTMAS

FORCED FAMILY FUN

CHRISTMAS

FORCED FAMILY FUN CHRISTMAS

FORCED FAMILY FUN

CHRISTMAS

FORCED FAMILY FUN CHRISTMAS

FORCED FAMILY FUN

CHRISTMAS

FORCED FAMILY FUN

CHRISTMAS

FORCED FAMILY FUN

CHRISTMAS

FORCED FAMILY FUN

CHRISTMAS

FORCED FAMILY FUN

CHRISTMAS

FORCED FAMILY FUN

CHRISTMAS

FORCED FAMILY FUN

CHRISTMAS

FORCED FAMILY FUN

CHRISTMAS

FORCED FAMILY FUN

CHRISTMAS

FORCED FAMILY FUN

CHRISTMAS

FORCED FAMILY FUN

CHRISTMAS

FORCED FAMILY FUN CHRISTMAS

FORCED FAMILY FUN

CHRISTMAS

FORCED FAMILY FUN

CHRISTMAS

FORCED FAMILY FUN

CHRISTMAS

FORCED FAMILY FUN CHRISTMAS

FORCED FAMILY FUN

CHRISTMAS

FORCED FAMILY FUN CHRISTMAS

FORCED FAMILY FUN

CHRISTMAS

FORCED FAMILY FUN CHRISTMAS

FORCED FAMILY FUN

CHRISTMAS

FORCED FAMILY FUN CHRISTMAS

FORCED FAMILY FUN

CHRISTMAS

FORCED FAMILY FUN CHRISTMAS

FORCED FAMILY FUN

CHRISTMAS

www.ingramcontent.com/pod-product-compliance
Lightning Source LLC
LaVergne TN
LVHW060328080526
838202LV00053B/4438